Ingrid Moras

KLEINE GESCHENKE

schnell gemacht

CHRISTOPHORUS

HAPPY BIRTHDAY
HAPPY BI
AY

Ingrid Moras, Grund- und Hauptschullehrerin mit Schwerpunkt Kunsterziehung, ist seit vielen Jahren als Autorin im Bereich „Kreatives Gestalten" tätig. Ihre Themenbreite umfasst Seiden- und Stoffmalerei, Arbeiten mit Papier oder Holz, Perlentiere sowie Perlenschmuck in allen Variationen.

VORWORT

Individueller Dank

Der Trend zum Individuellen mit persönlicher Note hält unvermindert an, obwohl wechselnde Modeerscheinungen gelegentlich die Oberhand zu gewinnen scheinen. Vielleicht sind aber gerade deshalb selbst gefertigte kleine Dankeschöns und Aufmerksamkeiten so gefragt. Viele kleine Geschenke in diesem Buch sind sehr effektvoll, obwohl sie schnell herzustellen sind.

Für nahezu alle Gelegenheiten finden Sie Geschenkideen, die zwar aktuelle Basteltrends wie Serviettentechnik, das Malen mit Window Color und das Arbeiten mit Draht aufgreifen, aber ganz individuell persönliche Botschaften vermitteln. Ob Sie jemandem danken oder an einem besonderen Tag gratulieren, ob das Weihnachtsfest vor der Tür steht oder ob Sie zu einer Party eingeladen sind – selbstgefertigte Geschenke zeigen, dass sie von Herzen kommen und werden deshalb sehr geschätzt. Beim Schenken gilt ganz besonders der Spruch: Seine Freude in der Freude des anderen finden zu können, das ist das Geheimnis des Glücks.

In diesem Sinne wünsche ich Ihnen viel Freude bei der Suche nach einem geeigneten, kleinen Geschenk.

Ingrid Moras

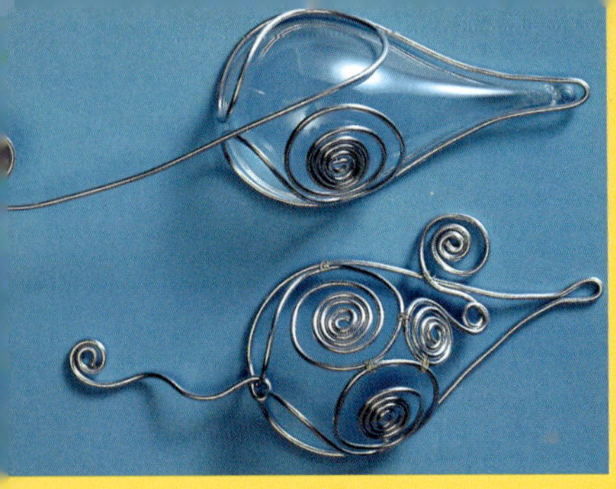

GESCHENKE AUS DRAHT

Grundtechnik

Verschiedene Drahtarten

Weicher Aluminiumdraht (2 und 3 mm Ø), z. B. von efco, ist am einfachsten zu bearbeiten, da er mit den Fingern zu biegen und trotzdem stabil genug für Dekorationen ist. Silber- und Golddraht (0,4 mm Ø bis 0,8 mm Ø) sowie Lackdraht in verschiedenen metallic schimmernden Farben (0,5 mm Ø, z. B. von Creative Hobbies) eignen sich für die Verkleidung des Aluminiumdrahtes und setzen farbige Akzente.
Verzinktes Drahtgeflecht, auch als „Hasengitter" bekannt, gibt es in verschiedenen Maschengrößen in Baumärkten. Mit dem kleinsten Drahtgeflecht können aus rechteckigen Stücken einfach runde Formen modelliert werden.

Werkzeuge

Mit einer kleinen Rundzange (Rosenkranzzange) werden ganz enge Windungen geformt. Ein Seitenschneider ist zum Abschneiden der Drähte nötig. Ein T-förmiges Werkzeug, auch „Twister" genannt (z. B. von Creative Hobbies), erleichtert das Drehen von Spiralen, die als Verkleidung des Aludrahtes dienen. Die Spiralen können aber auch einfach auf einem Stahldraht gewickelt werden; ein Ende des Drahtes muss dazu mit Klebeband auf dem Stahldraht festgeklebt werden.

1. Das Biegen von flachen Spiralen und Formen

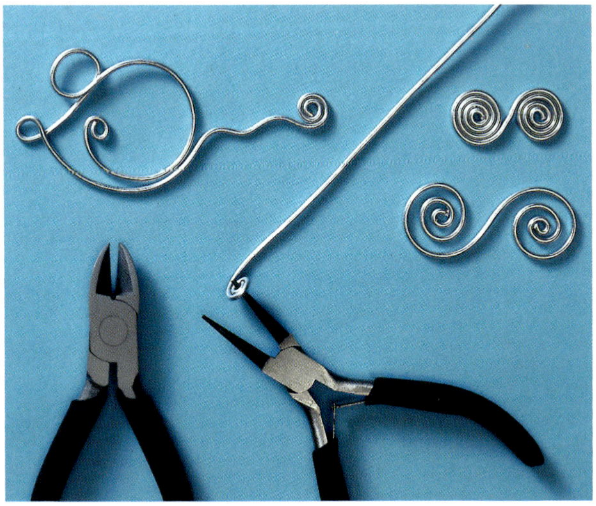

Flache Spiralen sind das wahrscheinlich häufigste Schmuckelement in der Drahtkunst und machen zugleich die Drahtenden sicher. Die erste ganz enge Windung mit einer Rundzange biegen. Dazu das Drahtende mit den Zangenspitzen festhalten und die Zange bzw. auch den Draht um die Zange drehen, um die ersten Windungen zu formen. Nach etwa eineinhalb Windungen können die weiteren Windungen des Aludrahtes mit den Fingern geformt werden. Die Windungen können dabei ganz eng beisammen liegen oder mit Abstand voneinander. Jede Spirale wird immer von innen nach außen gearbeitet.

2. Das Verkleiden mit aufgeschobenen Spiralen

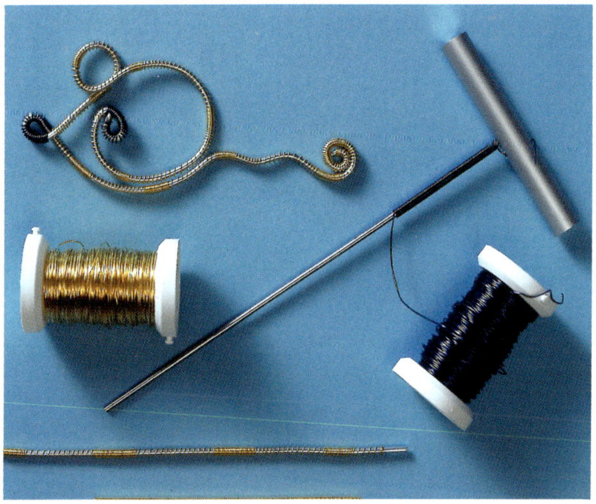

Um die Drahtformen farbig auszugestalten, können vor dem Biegen der Form Spiralen aus dünneren Drähten aufgeschoben werden, die in Abständen auch auseinander gezogen werden.

Zur schnellen Herstellung der Spiralen wird ein „Twister" mit dem gleichen Durchmesser wie der zu verkleidende Draht benötigt. Als Grundregel für die Länge der Spirale könnte gelten: Länge des zu verkleidenden Drahtes geteilt durch drei.

Das Drahtende durch das Loch in der Querstrebe des T-förmigen Werkzeugs führen und durch Umbiegen sichern. Den Draht nahe an der Querstange über den Stab legen und die Spule herabhängen lassen. Mit Daumen und Zeigefinger der linken Hand den Draht auf den Stab drücken, während mit dem Zeigefinger der rechten Hand die Querstange gedreht wird. Die linke Hand gleitet mit der wachsenden Spirale mit; die Windungen dürfen keinen Abstand haben. Bei stärkeren Drähten muss die Querstange mit der ganzen Hand bewegt werden.

3. Plastische Spiralformen

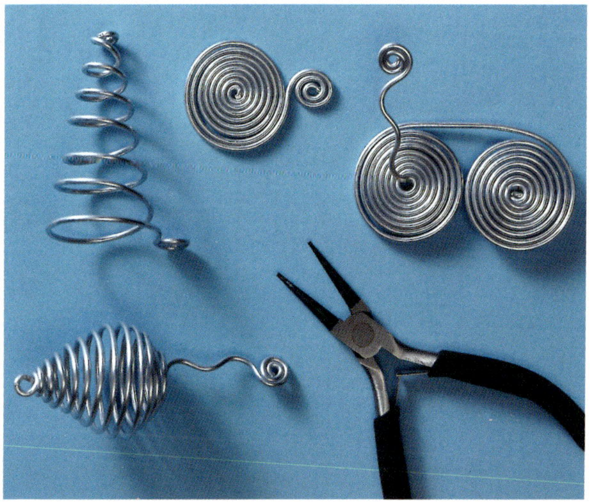

Plastische Spiralformen entstehen ganz einfach aus flachen Spiralen (siehe Punkt 1). Für einen Trichter werden die einzelnen Windungen auseinandergezogen. Für zapfenförmige Spiralkörper müssen zwei gleichmäßige flache Spiralen von den Drahtenden her gebogen werden, die zum Schluss entgegengesetzt auseinander gezogen werden. Die beiden größten Windungen nach dem Ausformen der Körperhälften deckungsgleich übereinander schieben.

MATERIAL

Vogel

- *Golddraht, 0,8 mm Ø*
- *Lackdraht in Blau, 0,5 mm Ø*
- *Rocailles in Schwarz, 4 mm Ø*
- *Schliffperle in Blau, 15 mm Ø*
- *Messingdraht, 0,3 mm Ø*
- *Transparent-Nähfaden*

Eule

- *Drähte, Rocailles und Faden siehe Vogel*
- *Lackdraht in Smaragd, 0,5 mm Ø*
- *Schliffperle in Blau, als Herz, 24 x 13 mm*

Herz

- *Drähte, Rocailles und Faden siehe Eule*
- *Schliffperlen in Blau, oval, flach, 14 x 12 mm*

HILFSMITTEL

- *Twister, 1 mm Ø, 8 mm Ø*

VORLAGEN 1 – 3 *Seite 48*

Geschenkanhänger

Den **Vogel** aus einem 70 cm langen Golddraht beim Auge beginnen. Auf die gesamte Länge, mit Ausnahme des Schnabel-Stückes, blaue 1-mm-Spiralen aufschieben und streckenweise dehnen. Mit Messingdraht zusammenbinden. Für die Endspirale sollten 7 cm übrig bleiben, eventuell den Draht vor dem Eindrehen kürzen. Zwei Spiralen aus Golddraht (1 mm Ø) mit je zwei Windungen drehen und die Schliffperle zusammen mit den Spiralen anhängen.

Die **Eule** mit einem 1 m langen Draht nach Vorlage 2 am Stern beginnen. Wie beim Vogel farbige Spiralen aufschieben und abschnittweise dehnen. Als Augen Rocailles aufschieben. Die Drähte mit Messingdraht zusammenbinden und die Endstücke des Golddrahtes durch Umwickeln mit Golddraht am Körper fixieren. Die Schliffperle am Schnabel anbinden.

Das äußere **Herz** mit einem 40 cm langen Draht, das innere Schmuckelement mit einem 20 cm langen Draht nach Vorlage 3 biegen, dabei jeweils mit der Mitte des Drahtes an der Spitze unten beginnen. Wie beim Vogel Spiralen aus Lackdraht aufschieben und abschnittweise dehnen. Auf die Enden des äußeren Herzens Schliffperlen aufschieben. Die beiden Teile zusammenbinden.

Die Aufhängespirale über einem Twister (8 mm Ø) mit Golddraht drehen und auseinander ziehen. Die Enden zu Ösen formen.

TIPP

Die Stellen, an denen die Geschenkanhänger zusammengebunden werden, sind in der Vorlage mit kleinen Quadraten gekennzeichnet.

MATERIAL

Drahtmäuse

- *Drahtgeflecht, verzinkt, Sechseck, Breite 50 cm, Maschenweite 13 cm*
- *Aluminiumdraht, 2 mm Ø*
- *Rocailles in Schwarz, 4 mm Ø*
- *Kunststoffperle in Schwarz, 6 mm Ø*
- *Silberdraht, 0,4 mm Ø*

Teelicht-Trichter

- *Drahtgeflecht, verzinkt, Sechseck, Breite 50 cm, Maschenweite 13 cm*
- *Aluminiumdraht, 2 mm Ø*
- *Silberdraht, 0,4 mm Ø*
- *Glasmosaiksteine in Hellblau, Mittelblau*
- *Teelicht mit Glashülle*
- *starker Nylonfaden*

VORLAGEN 4 – 5 *Seite 49*

Für tolle Mäuse

Drahtmäuse

1 Ein rechteckiges Stück Drahtgeflecht zuschneiden (siehe Vorlage 4) und die Endstücke rund biegen. Die Sechsecke so zusammenschieben, dass eine spitze Schnauze und ein rundes Hinterteil entsteht. Mit Silberdraht die Drähte und die Naht fixieren.

2 Für die Ohren je 2 Sechsecke ausschneiden, das obere, überstehende Ende rund biegen, das untere mit Silberdraht an der Maus festbinden, ebenso Perlen als Nase (6 mm Ø) und Augen (4 mm Ø).

3 Ein Stück Aludraht als Schwanz einhängen und das Ende in einer Spirale enden lassen. Evtl. hier Geld einstecken.

Teelicht-Trichter

1 Ein rechteckiges Stück Drahtgeflecht nach Vorlage 5 zuschneiden. Die Randstücke rund nach hinten biegen. Unten etwa 6 cm weit die Sechsecke ganz eng zusammenschieben und mit Silberdraht fixieren.

2 Das Drahtgeflecht zu einem schönen Trichter modellieren und die Seitennaht mit Silberdraht „vernähen". Glasmosaiksteine einfüllen.

3 Ein Ende eines etwa 70 cm langen Aludrahtes zu einer flachen Spirale drehen, anschließend den Draht um den Trichter eng nach oben wickeln. Das Ende am Drahtgeflecht befestigen; den Überstand abschneiden. Zwei 30 cm lange Aludrähte s-förmig zu flachen Spiralen eindrehen; die eine Spirale jeweils am Trichter einhängen, an der anderen die Aufhängung festbinden.

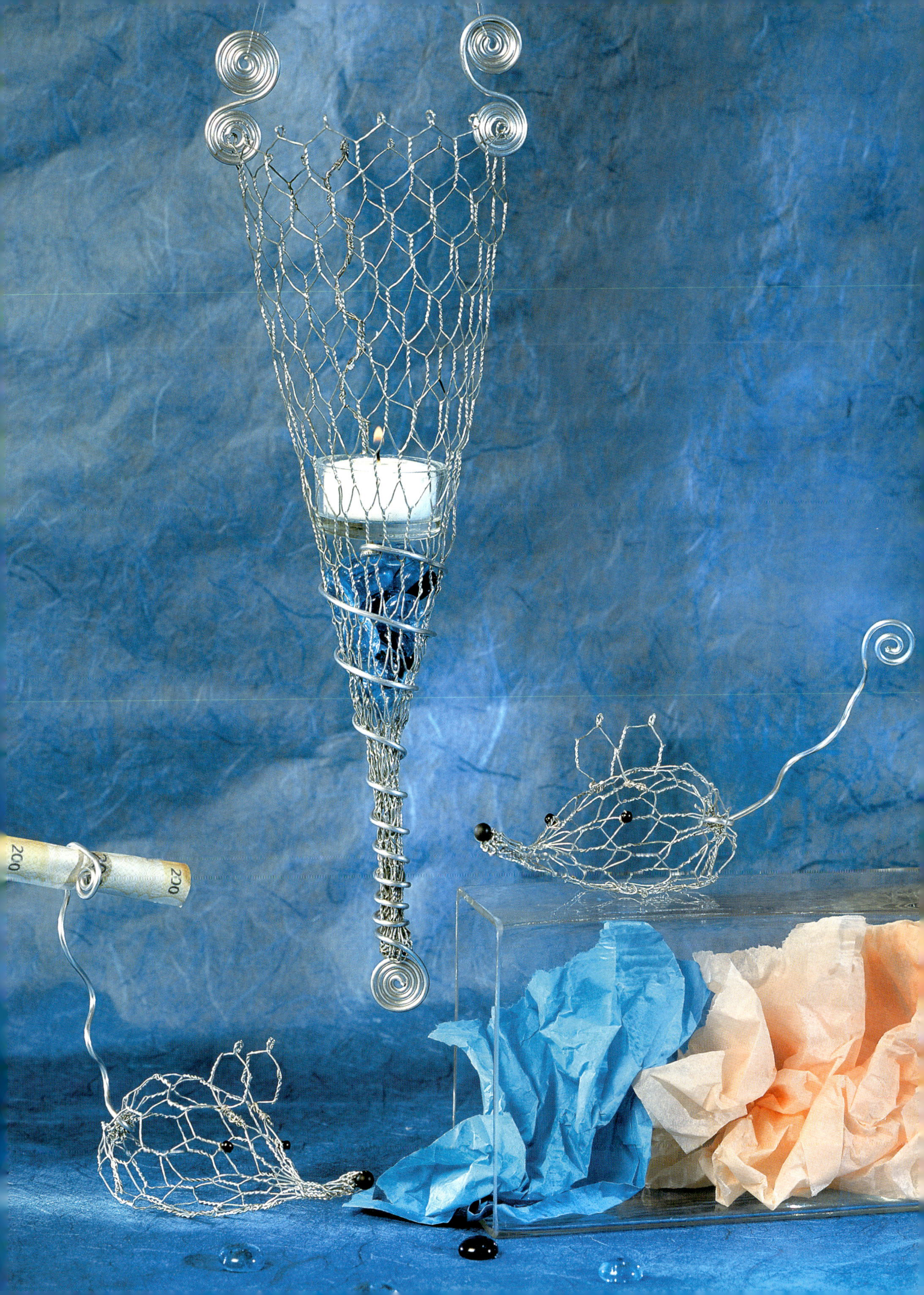
200
200

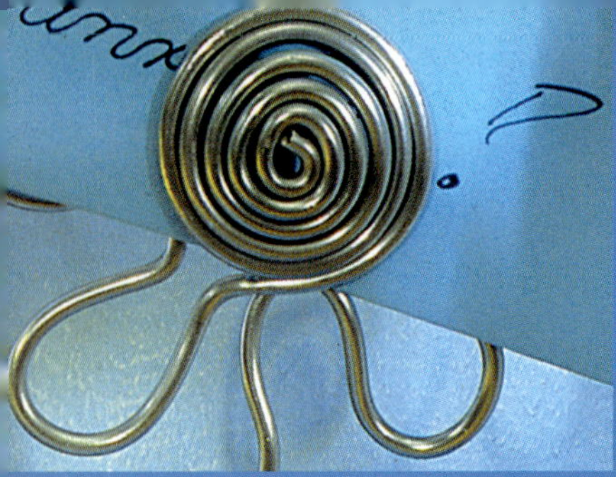

MATERIAL

- *Aluminiumdraht, 2 mm Ø*
- *Silberdraht, 0,4 mm Ø*
- *Rocailles in Schwarz*

VORLAGEN 6 – 7 *Seite 50*

Nützliche Helfer

1 Jeden Vogel aus einem 2 m langen Aludraht, beim Auge beginnend, nach den Vorlagen formen. Die Perlen für die Augen mit Silberdraht befestigen.

2 Bei den sitzenden Vögeln als Hals etwa drei Windungen mit einem Durchmesser von etwa 8 mm legen, dann eine flache Spirale mit acht Windungen anschließen und diese zum Körper auseinander ziehen. Nach vorne die Füße formen, den Draht bogenförmig nach hinten führen und die Blüte als Zettelhalter bzw. die Spirale für den Kugelschreiber formen (siehe Vorlagen).

3 Den Kopf des liegenden Vogels ebenso fertigen wie bei den anderen Vögeln. Als Hals drei ganz enge Windungen drehen, dann eine flache Spirale mit sechs Windungen anschließen und diese auseinander ziehen. Zwei Windungen in der Größe der zuletzt gelegten anschließen, dann den Körper mit vier enger werdenden Windungen beenden. Die Füße formen und den Draht zuletzt wellenförmig nach oben führen und in einer Spirale enden lassen.

Irmgard

MATERIAL

Pappmaché-Herzdose

- *Pappmaché-Dose in Herzform, 13 x 12 cm*
- *Acrylmattfarben in Saphirblau, Hellblau*
- *Aluminiumdraht, 3 mm Ø*
- *Silberdraht, 0,4 mm Ø*
- *Kunststoff-Herz, teilbar, 6 cm*

Fotohalter „Herz"

- *Aluminiumdraht, 3 mm Ø*
- *Silberdraht, 0,4 mm Ø*
- *Krokodilklemme*

HILFSMITTEL

- *Twister, 3 mm Ø*

VORLAGEN 8 – 9 *Seite 51*

Geschenke mit Herz

Herzdose

1 Die Dose bemalen. Für das Drahtherz eine halbe Kunststoff-Herzform als Grundlage verwenden. Einen 80 cm und einen 30 cm langen Aludraht mit Spiralen aus Silberdraht (ca. 25 bzw. 7 cm lang) verkleiden; dabei die Spiralen streckenweise dehnen.

2 Die Mitte des 80 cm langen Drahtes an der Spitze der Herzform ansetzen und die Enden um die Form herum nach oben und schlaufenförmig nach vorne biegen; die Enden jeweils zu einer flachen Spirale eindrehen, aufdrücken und so anpassen. Mit dem 30 cm langen Draht die Lücke unten ausfüllen (siehe Vorlage 8). Die Aludrähte an allen mit zwei Strichen markierten Stellen mit Silberdraht verbinden. An drei Stellen mit einer Nähnadel Löcher durch den Dosendeckel stechen und das Drahtherz mit Silberdraht anbinden.

Herz-Fotohalter

1 Einen 80 cm langen Aludraht mit einer Spirale aus Silberdraht (ca. 25 cm lang) verkleiden; dabei die Spirale streckenweise dehnen.

2 Den Fotohalter von oben nach unten arbeiten. Nach 15 cm das Herz formen (siehe Vorlage 9). An den mit zwei Strichen gekennzeichneten Stellen die Aludrähte mit Silberdraht zusammenbinden. Als Fuß eine größere Spirale drehen und das Drahtende zu einer kleinen flachen Spirale formen. Das 15 cm lange Stück wellenförmig biegen. Die Krokodilklemme durch Zusammendrücken fixieren.

MATERIAL

- Konturenfarbe in Schwarz
- Window Color in Rosé, Fuchsia, Erdbeer, Apfelgrün, Grasgrün, Blattgrün, Saphir, Weiß, Strohgelb, Pfirsich
- weiße oder sehr helle Steine
- Papier
- Kraftkleber

VORLAGEN 10 – 15 *Seite 52*

Steinbotschaften

Die gereinigten Steine direkt ohne Konturen mit reichlich Farbe bemalen. Die Punkte und Striche mit schwarzer Konturenfarbe auf der angetrockneten Farbe aufbringen. Die Botschaften an der Unterseite festkleben.

Malen mit Window Color

1 Die Vorlage unter der Folie am besten mit zwei Klebestreifen festkleben, damit sie nicht verrutschen kann. Nur von Spezialfolien oder Folien aus Polyethylen (PE) oder Polypropylen (PP), z. B. Prospekthüllen, lassen sich die fertigen Motive gut ablösen. Auf Windradfolie gemalte Motive haften auf der Folie und müssen an den Umrissen entlang ausgeschnitten werden.
Die Konturenfarbe direkt aus der Flasche auftragen. Nach Wunsch eine Metall-Feindüse (Stärke 0,7 mm) aufdrehen. Die geschlossen aufgetragenen Konturen trocknen lassen.

2 Die Felder anschließend mit Window-Color-Farben ausmalen. Die Farben dabei immer ganz bis zu den Konturenlinien hinführen und satt auftragen. Bei kleinen Feldern die Farbe in die Mitte des Feldes setzen und sie dann mit einer Sticknadel oder einem Zahnstocher bis zu den Konturen hinziehen. Für fließende Farbübergänge zwei Farben zügig aneinander setzen und die Farben mit einer Sticknadel so lange spiralförmig ineinander verziehen, bis ein sanfter Farbübergang entsteht. Nach dem Trocknen (ca. 12 Stunden) werden die Farben transparent.

TIPP

Bei kleinen Punkten und Linien zum Aufmalen evtl. eine Sticknadel bzw. große Nähnadel verwenden. Mit der Nadelspitze die Farbe auftupfen bzw. zu Strichen ziehen.

MATERIAL

- *Konturenfarbe in Schwarz*
- *Window Color in Apfelgrün, Grasgrün, Blattgrün, Türkis, Saphir, Samtblau, Strohgelb, Pfirsich, Rosé, Fuchsia, Erdbeer, Brombeer*
- *Windradfolie, 0,2 mm*
- *Geschenkband*
- *Plastiktüten*
- *Kraftkleber*

VORLAGEN 16 – 19 *Seite 53, 54*

Geschenktüten

Die gepunkteten Knicklinien mit einem Falzbein auf der Windradfolie vorprägen. Die Tüten bis auf den Randstreifen bemalen, ausschneiden, an den Linien knicken und zusammenkleben. Eine Plastiktüte in die Tüte schieben, füllen und mit Geschenkband zusammenbinden. Die dreieckigen Felder der Tüte oben nach innen biegen.

Tipps & Tricks

Strahlenförmige Muster

Verschiedene Farbtöne zügig aneinander setzen und eine Sticknadel in der einen Farbfläche ansetzen und in die anderen Farben hineinziehen. Nach jedem Zug die Nadel reinigen.

Malen ohne Konturen

Ein Motiv, z. B. einen Bären, mit einer Farbe malen, Details mit einer anderen Farbe auf die feuchte Malfläche setzen. Aufgesetzte Punkte können mit einer Sticknadel herzförmig ineinander gezogen werden, solange die Grundfarbe noch feucht ist.

Kugeln bemalen

Plastikformen mit einem Schablonenpinsel in senkrechten Stupfbewegungen farbig grundieren. Mit einem Föhn die Grundierungen schnell trocknen und die auf Spezialfolie gemalten Motive aufdrücken.

Klingende Tiere

MATERIAL

- Konturenfarbe in Schwarz, Silber
- Window Color in Weiß, Rosé, Pfirsich, Bernstein, Cognac, Fuchsia, Brombeer, Samtblau
- Windradfolie, 0,4 mm
- Perldraht in Silber
- Transparent-Nähfaden
- Klangstäbe, 4, 6, 8, 12 cm

VORLAGEN 20 - 21 Seite 55

Die Motive auf Windradfolie malen. Abschnitte vom Perldraht als Schnurrhaare der Katze in die feuchte Farbe einlegen und übermalen. Die Motive ausschneiden und die Klangstäbe anbinden.

Für den Muttertag

MATERIAL

- Konturenfarbe in Schwarz
- Window Color in Apfelgrün, Grasgrün, Blattgrün, Türkis, Saphir, Samtblau, Ocean, Strohgelb, Pfirsich, Fuchsia, Brombeer
- Windradfolie, 0,2 mm
- Zylinderglas, 10 x 10 cm
- Kerzenhalter-Vase, 6 x 15 cm
- Zündholzschachtel
- Gelkerzenglas, 7 x 5 cm
- Fotokarton in Weiß

VORLAGEN 22 – 24 Seite 56

Die Buchstaben- und Herzfelder auf Spezialfolie grundieren, Farbpunkte im Abstand von etwa 5 mm aufsetzen (s. Vorlagen) und mit einer Sticknadel ineinander ziehen. Zügig arbeiten. Das Motiv für die Schachtel auf Windradfolie malen und auf weißem Karton fixieren. Für den Kerzenhalter reichlich Farben ringförmig auf Spezialfolie aneinander setzen. Eine Sticknadel achtmal in der Mitte aufsetzen und nach außen ziehen; dazwischen jeweils säubern. Die Nadel spiralförmig von innen nach außen bewegen. Die Motive platzieren, mit Konturenfarbe umrahmen und weitere Felder aufmalen.

Schachteln mit Pfiff

MATERIAL

Blüten-Schachtel

- Pappmaché-Schachtel, 10 x 12,5 cm, mit transparenter Kuppel
- Acryl-Mattfarben in Weiß, Türkis, Azurblau
- Konturenfarben in Schwarz, Gold
- Window Color in Ocean, Weiß, Türkis, Apfelgrün, Saphir

Schildkröten-Schachtel

- Pappmaché-Schachtel, 9 x 11,3 cm, mit transparenter Kuppel
- Acryl-Mattfarben in Weiß, Hellgrün, Gold
- Konturenfarben in Schwarz, Gold
- Window Color in Apfelgrün, Türkis, Saphir, Samtblau, Ocean, Meergrün

Herz-Dose

- Herz-Schachtel aus Pappmaché, 9 cm, mit transparenter Kuppel
- Acryl-Mattfarben in Rot, Gold
- Konturenfarben in Schwarz, Gold
- Window Color in Apfelgrün, Erdbeer

VORLAGEN 25 – 27 Seite 57

Alle Schachteln mit Acrylfarbe bemalen, dabei die Deckel zum Teil heller halten. Die Kuppeln der Blütenschachtel in Ocean grundieren, das separat gemalte Motiv aufdrücken und die Konturen ergänzen. Die Kuppel der Schildkrötenschachtel direkt bemalen, den Ring mit Kopf und Beinen auf Windradfolie malen, ausschneiden und aufkleben. Die Kuppel der Herzschachtel direkt bemalen, ebenso alle weiteren Details auf den Schachteln.

Sags mit Blumen

MATERIAL

- Plastik-Kugeln, teilbar, transparent, 14 cm Ø
- Acrylform „Herz", teilbar, transparent, 10 cm
- Konturenfarbe in Schwarz
- Window Color in Ocean, Saphir, Türkis, Apfelgrün, Grasgrün, Blattgrün, Strohgelb, Pfirsich, Rosé, Fuchsia

VORLAGEN 28 - 30 Seite 57, 58

Siehe Seite 16. Ganz nach Wunsch noch einzelne Blätter im Anschluss an die Blüten direkt auf die Form malen.

TIPP

Wenn die Kugel gefüllt werden soll, die Grundierung an der Nahtstelle zwischen den beiden Hälften der Form mit einem Schneidemesser durchtrennen und die Motive nicht darüber kleben oder malen.

Klingende Geschenke

MATERIAL

- Konturenfarbe in Schwarz, Silber
- Window Color in Weiß, Rosé, Pfirsich, Strohgelb, Cognac, Fuchsia, Ocean, Türkis, Saphir, Samtblau
- Windradfolie, 0,4 mm
- Perldraht in Silber
- Transparent-Nähfaden
- Klangstäbe, 4, 6 ,8, 12 cm

VORLAGEN 31 – 32 Seite 59

Alle Motive auf Windradfolie malen und nach dem Trocknen ausschneiden. Die Klangstäbe mit transparentem Nähfaden anbinden.

GESCHENKE MIT SERVIETTEN-TECHNIK

MATERIAL

- Holzkästchen, 16 x 14,4 x 21 cm
- Schminkschachtel mit Spiegel, Pappmaché, 9,7 x 9,7 x 4,5 cm
- Schminkdose mit Spiegel, Pappmaché, oval, 10,5 x 8 x 6 cm
- Serviette „Schafe" (Atelier)
- Acryl-Mattfarben in Weiß, Schwarz, Silber
- Serviettenkleber

Für die Schönheit

Die Stellen unter den Serviettenmotiven weiß grundieren, die restlichen Flächen in Schwarz und Silber bemalen. Die Sterne, Fenster und einzelne Locken des Schafes durch zusätzliches Bemalen mit Silber hervorheben.

Grundtechnik

1 Die zu beklebenden Flächen der Gegenstände (aus Papier, Pappe, Holz, Styropor, Metall) hell mit Acryl-Mattfarben grundieren, damit die Leuchtkraft der Motive nicht durch den Untergrund beeinträchtigt wird. Die Grundierung wird besonders gleichmäßig, wenn die Farbe mit einem Schablonenpinsel in senkrechten Stupfbewegungen aufgetragen wird. Auch fließende Farbübergänge gelingen auf diese Weise.

2 Servietten sind in einer großen Auswahl in Fachhandelsgeschäften erhältlich. Die gewählten Motive ausschneiden und die beiden unteren, weißen Papierschichten abziehen; Malerklebeband kann hier hilfreich sein. Die Motivstelle ganzflächig mit einem Flachpinsel dünn mit Serviettenkleber bestreichen und die farbige Serviettenlage auflegen.

3 Das Motiv immer von der Mitte zum Rand hin mit einem Flachpinsel aufstreichen und dabei über den Rand hinaus mit Serviettenkleber übermalen. Feine Fältchen können mit dem Pinsel oder der Fingerkuppe geglättet werden. Mit einem Föhn die Trocknungszeit beschleunigen und ein Durchweichen des Untergrundes, z. B. Papier, dadurch verhindern.

810

MATERIAL

Fotoalbum

- *Albeneinband, Leinen/Japanpapier, in Gelb, 22 x 16 cm*
- *Einlegeblätter, Fotokarton in Weiß, 22 x 16 cm*
- *Schraubensatz für Fotoalbum, dreiteilig*
- *Serviette „Küken" (Molca)*
- *Acryl-Mattfarbe in Weiß*
- *Serviettenkleber*

Karte

- *Karte, Din A6, Querformat, in Weiß*
- *Servietten „Küken" (Molca), „Schmetterlinge" (Karl Dietrich GmbH)*
- *Naturpapier in Gelb*
- *Fotokarton in Weiß*
- *Serviettenkleber*

Das Baby ist da!

Die für Servietten vorgesehenen Stellen weiß grundieren. Bei der Karte einen Streifen Naturpapier und die ausgeschnittenen Serviettenmotive auf die Vorderseite kleben. Die Motive oben an den Umrissen entlang ausschneiden.

Servietten-Motive auf Stoff

siehe Seite 32

1 Den Stoff zuerst waschen, um die Imprägnierung zu entfernen. In Textiltaschen eine Plastiktüte hineinlegen, damit der Kleber nicht auf die Rückseite durchdringen kann.
Die Motivstellen mit Serviettenkleber für Stoff, z. B. Textil Potch von der Firma C. Kreul, einstreichen. Das Serviettenmotiv auflegen und mit dem Kleber noch einmal bestreichen. Alles gut trocknen lassen. Damit das Motiv besser haftet, am besten anschließend das Motiv noch ein weiteres Mal mit Serviettenkleber fixieren.

2 Nach dem Trocknen den Stoff auf der linken Seite (Stufe Baumwolle) bügeln. Dabei Backpapier zwischen den Stoff legen. Die Stoffe können nun vorsichtig von Hand mit Feinwaschmittel gewaschen werden.

JULIA

Happy Birthday

MATERIAL

Herzdose

- Schachtel-Herz mit Sichtfenster, 13 x 6,5 cm
- Serviette „Babyschuhe“ (Ihr)
- Baby-Foto
- Acryl-Mattfarben in Weiß, Goldgelb
- Serviettenkleber

Happy-Birthday-Dose

- Papierdose, oval, 18 x 14 cm, Höhe 6 cm
- Servietten „Happy Birthday“ (Ihr), „Schmetterlinge“ (Karl Dietrich GmbH)
- Acryl-Mattfarben in Kobaltblau, Weiß
- Künstlerkarton in Weiß
- Serviettenkleber
- 3D-Lack

Geschenkbeutel

- Baumwolltasche, ca. 24 x 28 cm
- Serviette „Happy Birthday“ (Ihr)
- Textil Potch

Alle für Servietten vorgesehene Stellen weiß grundieren, die sonstigen Flächen mit Blau oder Gelb bemalen. Die Schmetterlinge auf Fotokarton kleben, ausschneiden und in der Mitte fixieren. Nach Wunsch die Buchstaben auf der Dose mit 3D-Lack hervorheben. Anleitung für die Baumwolltasche siehe Seite 30.

Für die Reise

MATERIAL

Reisebuch

- Blankbuch, 14,8 x 21 cm
- Künstlerkarton in Grün, Weiß
- Serviette „Tigerbaby“ (Ihr)
- 5 Bleistifte, unlackiert
- Naturpapier in verschiedenen Grüntönen
- Klebestift
- Kraftkleber

Reise-Köfferchen

- Pappmaché-Koffer, 10,3 x 8,7 cm
- Serviette „Tigerbaby“ (Ihr)
- Acryl-Mattfarbe in Weiß

Fotobox

- Pappmaché-Fotobox, 22 x 18 x 11 cm
- Serviette „Zebra“ (Avec)
- Acryl-Mattfarben in Weiß, Goldgelb

Alle

- Serviettenkleber

VORLAGE 33 *Seite 60*

Das Reisebuch mit Künstlerkarton bekleben, mit Klebestift Naturpapiere um die Bleistifte kleben. Eine Blüte der Serviette direkt auf dem grünen Karton fixieren, das Tigermotiv auf weißem Karton aufbringen und ausschneiden. Knicklinien nach der Vorlage vorprägen, die „Tasche" für die Bleistifte nach vorne knicken und auf das Buch kleben. Dabei eine aus weißem Karton geklebte quadratische Röhre als Boden dazwischenfassen. Die Fläche des Koffers bzw. der Fotobox weiß bzw. gelb grundieren und die Motive in Grundtechnik aufbringen.

Für Naschkatzen

MATERIAL

- *Passepartout-Schachtel-Set, in Herzform, 10 cm, 12 cm*
- *Kartonkugeln zum Öffnen, 10 cm Ø*
- *Serviette „Katze" (Ihr)*
- *Acryl-Mattfarben in Weiß, Gold*
- *Serviettenkleber*
- *3D-Lack*

Die untere Hälfte der Kugeln und die Außenseiten der Schachteln in Gold bemalen, alles andere weiß grundieren. Einzelne Blüten der Serviettenmotive mit 3D-Lack hervorheben.

what's new pussy cat?
Milk

Lichter im Winter

MATERIAL

- Kerzenständer aus Holz, 7,5 x 7,5 x 12/9/5 cm
- Servietten „Christrose" (Molca), „Schneemann" (Atelier)
- Acryl-Mattfarben in Weiß, Goldgelb, Hellgrün
- Serviettenkleber
- Teelichter

Das Holz mit einem Schablonenpinsel in senkrechten Stupfbewegungen mit Acrylfarben grundieren, im Bereich der Serviettenmotive möglichst in Weiß. Serviettenmotive in Grundtechnik aufbringen.

Für Bärenliebhaber

MATERIAL

Adressbuch

- Telefonbuch mit Register, 10 x 15 cm
- Serviette „Bären" (Ihr)
- Acryl-Mattfarbe in Weiß
- Naturpapier

Ramschfresserchen

- Holz-Kommode, 20 x 16 cm
- Serviette „Bären" (Ihr)
- Acryl-Mattfarben in Weiß, Goldgelb, Moosgrün, Kobaltblau, Rot, Schwarz

Metalldose

- Metalldose „Ellipse" 16,7 x 11,0 cm
- Serviette „Honigliebe" (Ihr)
- Ultra Gloss Acrylglanzfarbe in Schneeweiß
- Magnete, 13 mm Ø

Holzdose

- runde Holzdose, 13,6 cm Ø
- Serviette „Bären" (Ihr)
- Acryl-Mattfarbe in Weiß, Gold, Goldgelb

Alle

- Serviettenkleber

ANLEITUNG Seite 42

Viel Erfolg
Alles Gute
Für dich

MATERIAL

Sterndosen

- *Pappmaché-Sterndosen mit Plastikkuppel, 16 cm, 11 cm*
- *Servietten „Bär“ und „Amaryllis“ (Braun & Company), „Schneemann“ (Atelier)*
- *Acryl-Mattfarben in Weiß, Goldgelb, Hellgrün*
- *3D-Lack*
- *Serviettenkleber*

Flaschenhülle

- *Pappmaché-Flaschenhülle*
- *Servietten „Bär“ und „Amaryllis“ (Braun & Company)*
- *Acryl-Mattfarben in Weiß, Goldgelb, Maigrün*
- *Serviettenkleber*

Weihnachtsgeschenke

Alles grundieren, im Bereich der Serviettenmotive möglichst in Weiß. Die Nasen und Augen des Bären und Schneemanns bei den Dosen mit 3D-Lack hervorheben. Die Motive auf der glatten Einlage so platzieren, dass das Gesicht jeweils genau im Ausschnitt erscheint.

Für Bärenliebhaber

Material & Abbildung Seite 40

1 Alle Flächen farbig grundieren, im Bereich der Serviettenmotive möglichst in Weiß.

2 Für das Holzkästchen Bärenköpfe ausschneiden. Im Bereich der Nase ein Rechteck von etwa 20 x 8 mm entfernen. Dort den Haltegriff hindurchschieben. Die angedeuteten Bärenkörper aus dem oberen Kopf der Bären schneiden. Mit Schwarz einen Mund aufmalen, die Haltegriffe und Restflächen bunt bemalen.

3 Die Metalldose mit einer spezielle Metallfarbe grundieren, die durch Wärmetrocknung im Backofen (30 Min. bei 170 Grad) besonders gut haftet. Die Magnete mit Servietten-Bienen bekleben.

4 Bei einem Bärenkopf der Holzdose im Bereich der Nase einen Kreis (ca. 13 mm Ø) ausschneiden, den Halteknopf hindurchschieben. Den Knopf und den Rand in unverdünntem Gold, die übrige Fläche in stark verdünntem Goldgelb bemalen.

MATERIAL

Leporello

- *Graukarton, 2 mm, zwei Rechtecke 24 x 17 cm*
- *Fotokarton, genarbt, in Grün, zwei Rechtecke 23 x 64 cm*
- *Naturpapier in Grün*
- *Grasfaserpapier in Gold*
- *Naturpapier (Rainbow-Papier) in Blau*
- *Acryl-Glanzfarbe in Schwarz*
- *Klebestift*
- *Kraftkleber*

Karten

- *Doppelkarten, Hochformat und Querformat, DIN A6*
- *Naturpapiere, Acrylfarbe und Klebestift siehe Leporello*
- *Naturpapier in Rot*
- *Transparent-Nähfaden*

VORLAGEN 34 – 36 *Seite 61, 62*

Besondere Anlässe

Leporello

Zwei Rechtecke (24 x 17 cm) aus Graukarton auf je einer Seite mit grünem Naturpapier verkleiden und dabei jeweils einen Überstand von etwa 2 cm auf die Rückseite umschlagen und ankleben. Die Elefanten und die Ziffern aus Naturpapier arbeiten und nach der Vorlage aufkleben. Die Augen mit Acrylglanzfarbe aufmalen. Zwei Rechtecke aus grünem Fotokarton (23 x 64 cm) jeweils dreimal wie eine Ziehharmonika falten (Knicklinien vorprägen) und zusammenkleben, wie die Skizze verdeutlicht. Auf die Endseiten des gefalteten Fotokartons die Kartonrechtecke ganzflächig aufkleben.
Mit Fotos von einem besonderen Fest beklebt, ist das Leporello ein Dankeschön mit schönen Rückblicken.

Karten

Den Hügel bzw. die Blütenwiese aus grünem Naturpapier mit Klebestift auf die weißen Karten kleben. Die blauen Tiere mit goldfarbenen Details bekleben und die schwarzen Augen mit Acrylglanzfarbe aufmalen. Die Herzen jeweils zweifach aus rotem Naturpapier schneiden und zusammenkleben; mit einem transparenten Nähfaden am Schwanz der Katze anbinden.

18

MATERIAL

Zündholzschachtel-Grüße

- *Zündholzschachteln*
- *Acryl-Mattfarben in Türkis, Maigrün*
- *Naturpapier in Grün, Gold*
- *Fotokarton in Weiß*
- *Künstlerkarton in Chamois*
- *Filzstift in Schwarz, Pink, Rot*

Kleine Karten

- *Mini-Passepartout-Karten in Weiß, 6 x 8 cm, achteckiger Ausschnitt*
- *Naturpapier in Blau, Grün, Hellbraun, Rot*
- *Künstlerkarton in Weiß, Maigrün, Gelb*
- *Fotokarton in Regenbogenfarben*
- *Trockenblumen „Viola", „Laserpidium"*
- *Serviettenkleber*
- *Acryl-Mattfarbe in Schwarz*

VORLAGEN 37 – 41 *Seite 63*

Klein aber fein

Zündholzschachtel-Grüße

Die Zündholzschachteln mit Acrylfarben bemalen bzw. die Hülle mit Naturpapier bekleben. Einen Streifen weißen Künstlerkarton wie eine Ziehharmonika so falten, dass die einzelnen Rechtecke 4,7 cm lang sind. Das Auto bzw. die Blume aufzeichnen und ausschneiden. Am besten immer zwei Lagen gemeinsam mit einer kleinen spitzen Schere ausschneiden; die Fensterausschnitte beim Auto gelingen besonders sauber mit einem Cutter auf einer schnittfesten Unterlage. Ein Auto und ein eingeklebtes Männchen aus chamoisfarbenem Karton mit Filzstiften farbig gestalten. Als Blüteninneres goldfarbenes Naturpapier fixieren. Die Faltungen beschriften und in die Schachtel einkleben.

Kleine Kartengrüße

Als Grundlage für die Karteneinlage entweder Fotokarton in Regenbogenfarben verwenden oder blaues Naturpapier auf weißen Karton aufkleben. Für den Igel hellbraunes Naturpapier auf weißen Karton kleben, eine rote Wange aufkleben, das Gesicht aufmalen und die Einschnitte mit einem Cutter anbringen. Die Herzen aus Fotokarton bzw. Künstlerkarton schneiden, das große Herz zum Teil mit Naturpapier bekleben. Alle Trockenblumen mit Serviettenkleber vorsichtig aufmalen, wie bei der Serviettentechnik beschrieben.

Gute Fahrt!
Herzlichen Glückwunsch!
Möni
Alles Gute zum Geburtstag und ... dir wünscht

1

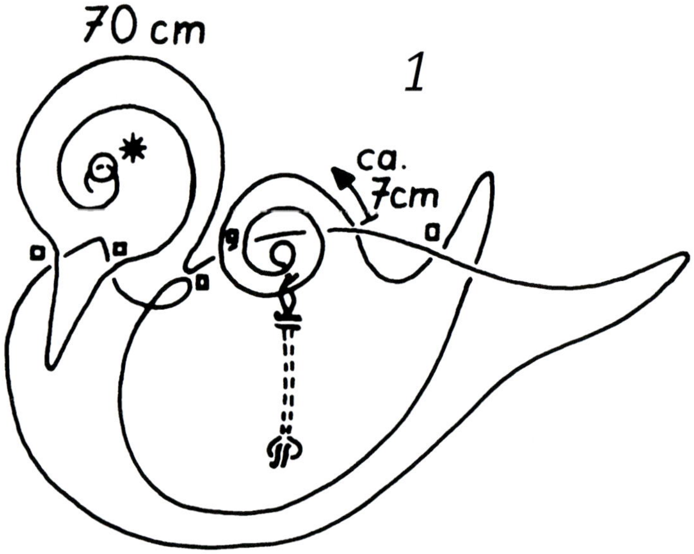

3

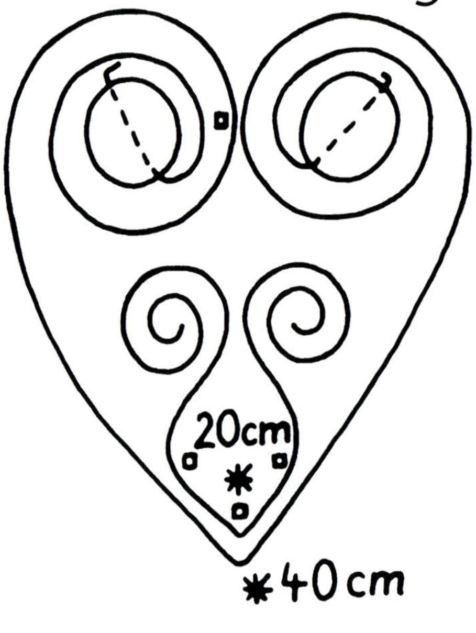

2

4

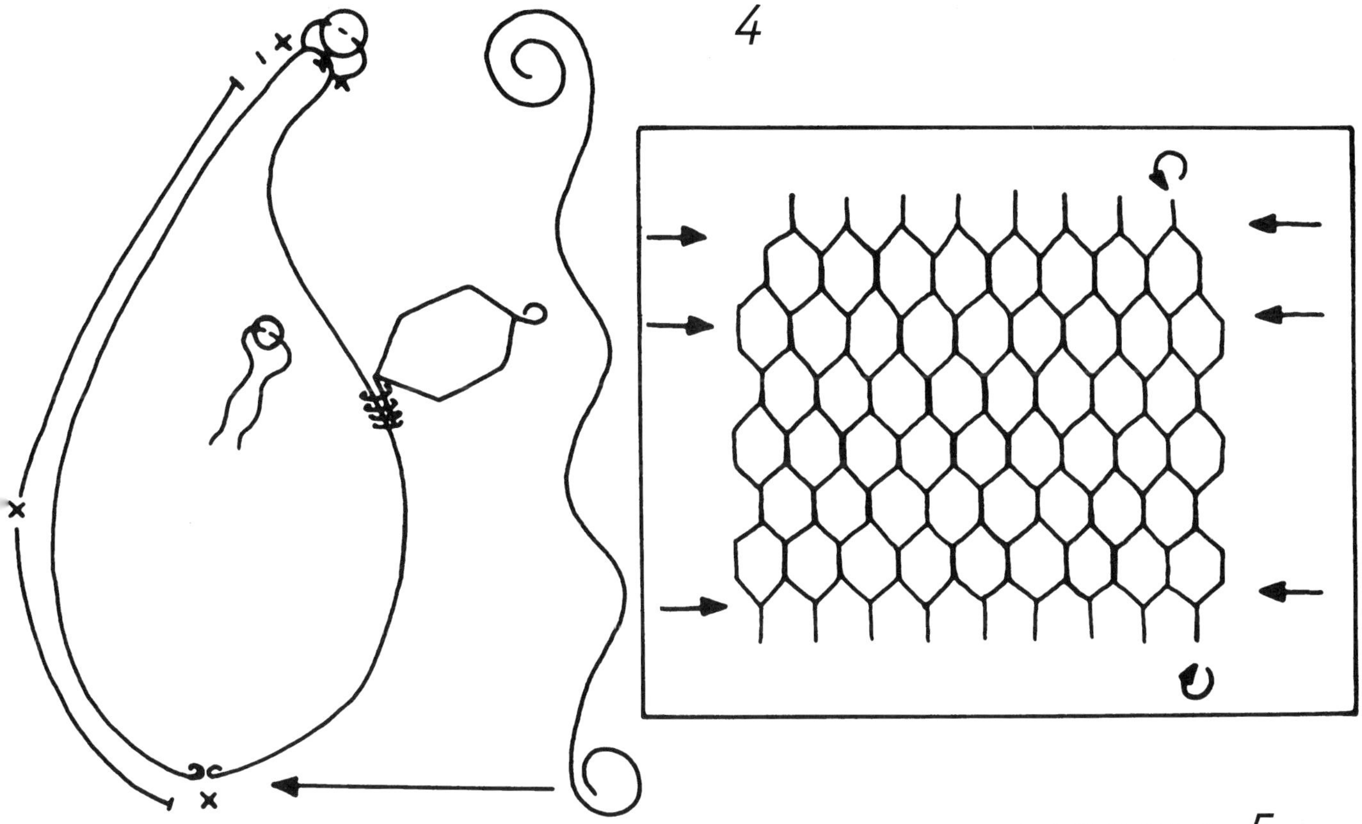

5

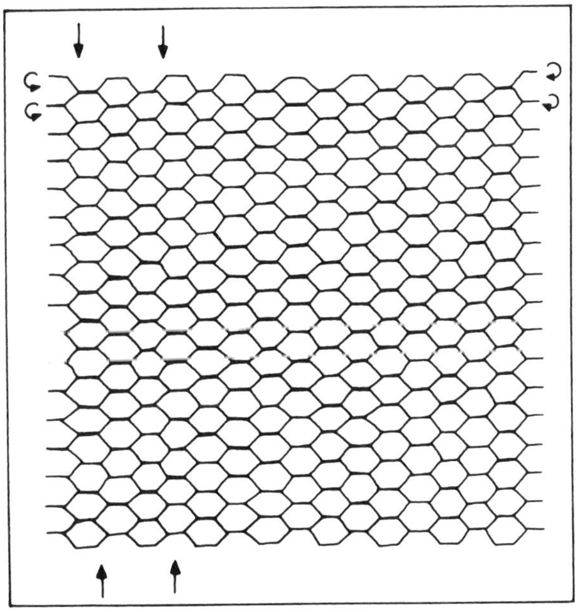

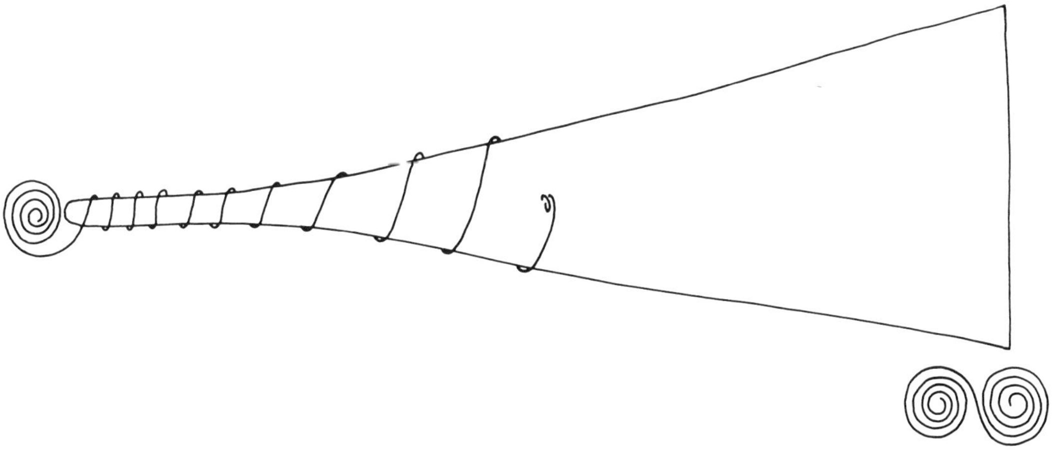

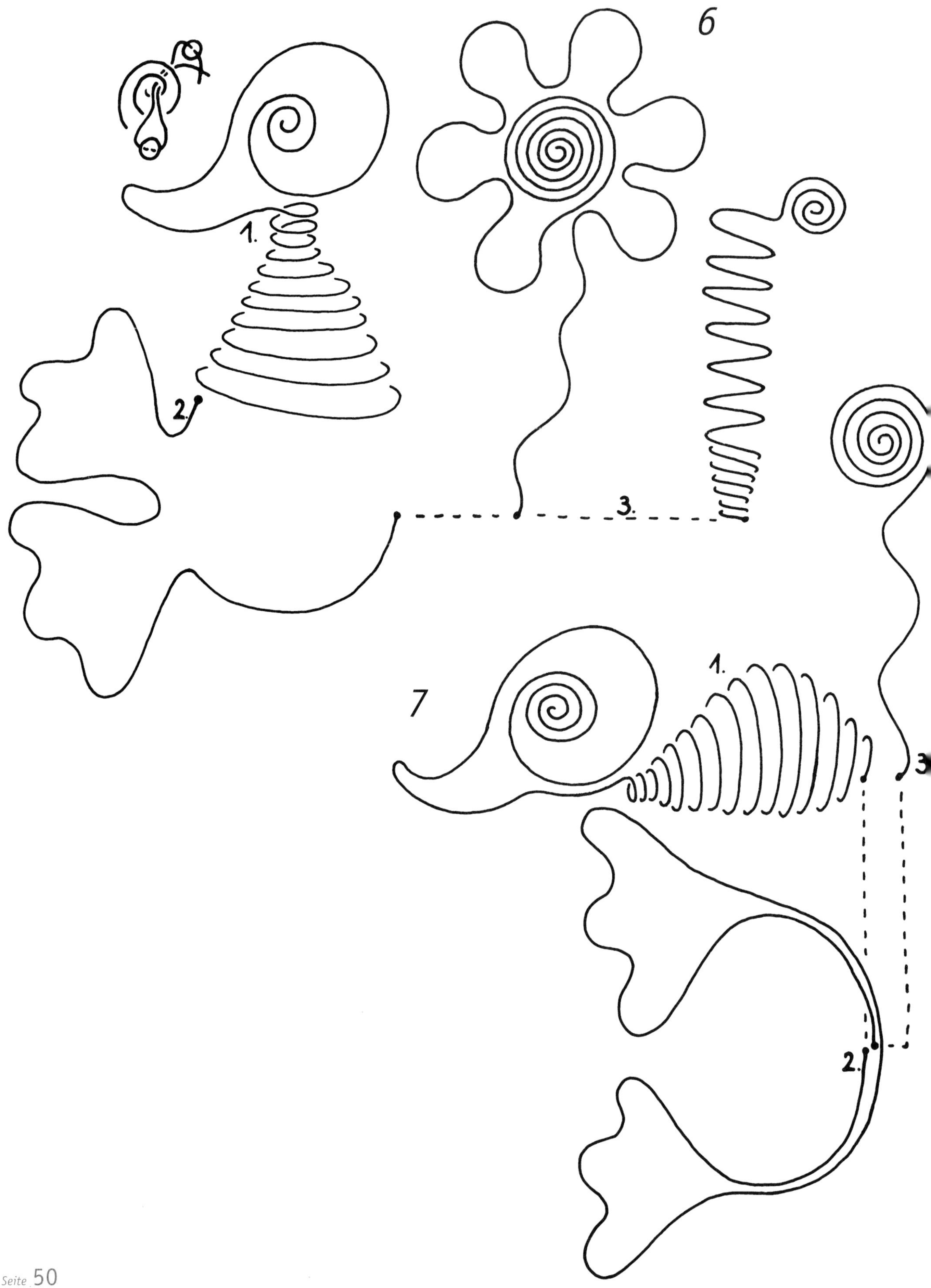
6
1.
2.
3.
7
1.
2.
3.

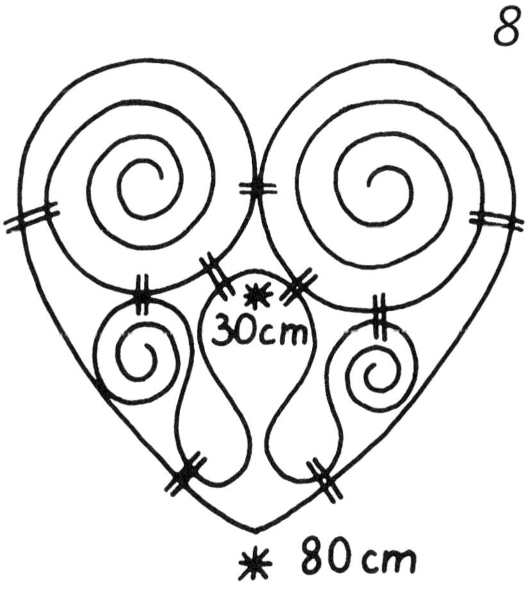
8
30cm
* 80 cm

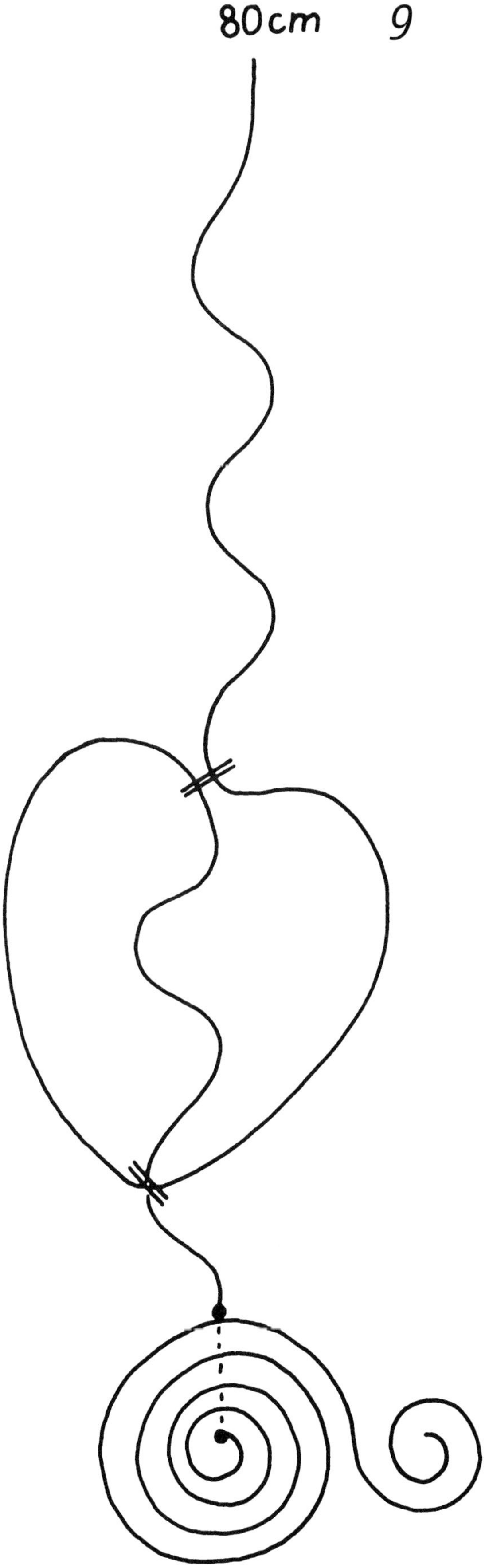
80cm
9

11

10

13

12

15

14

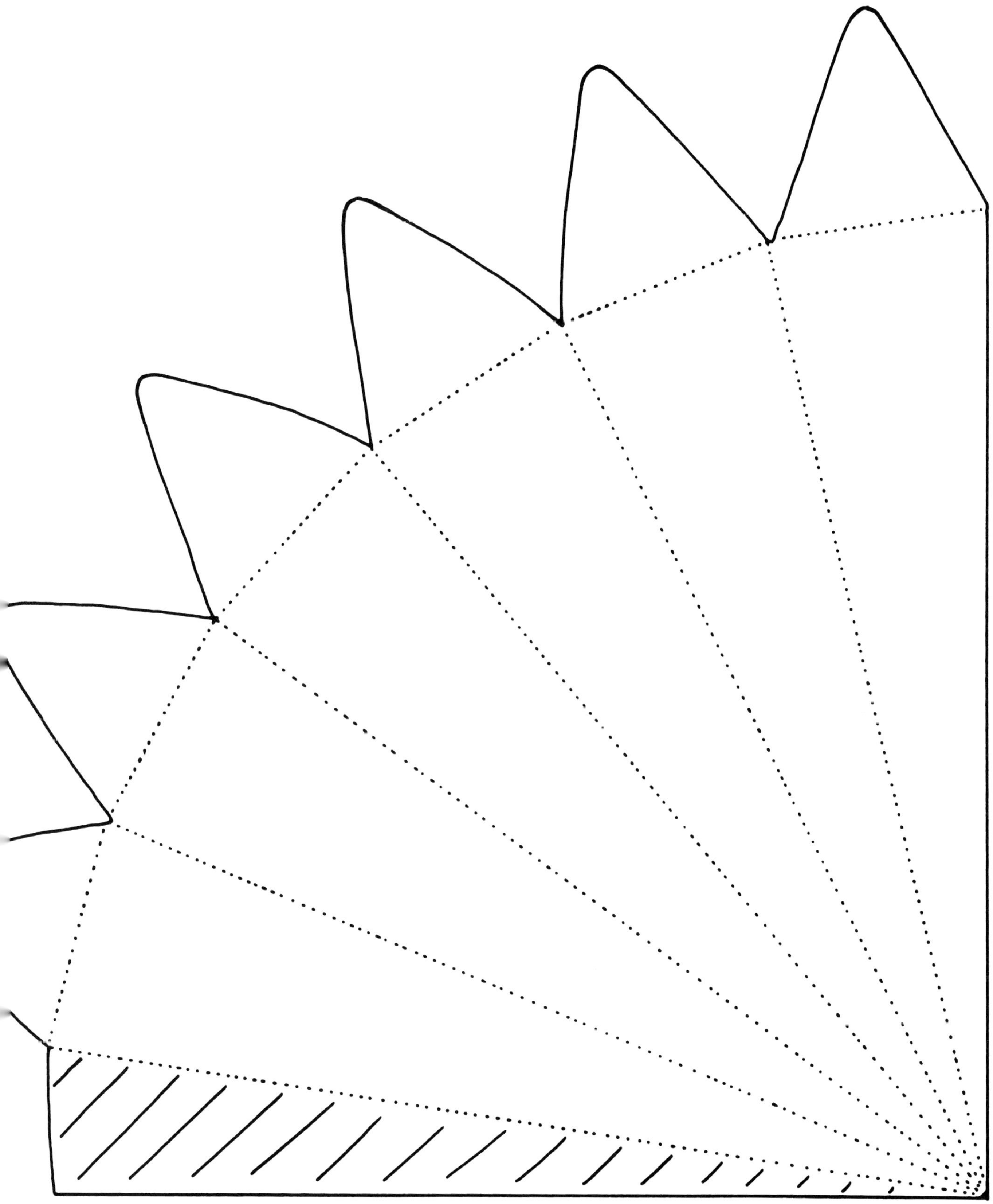

17

18

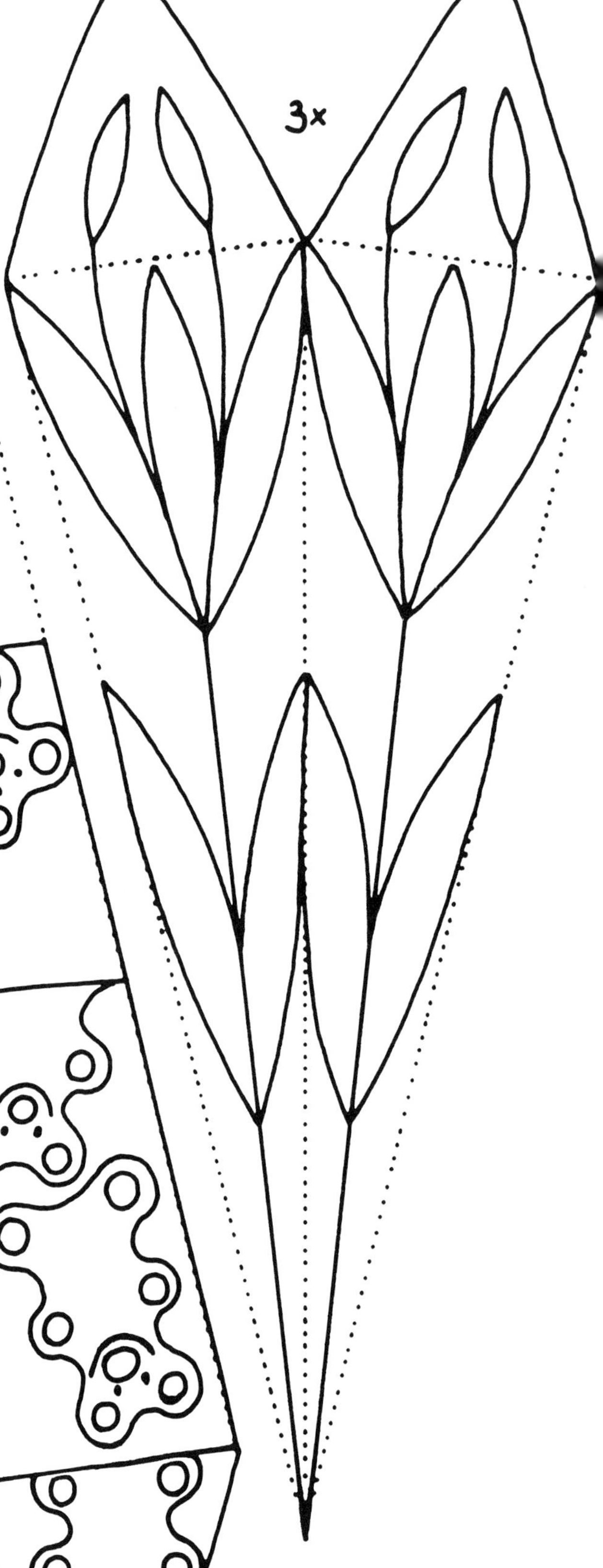

19

20

21

22

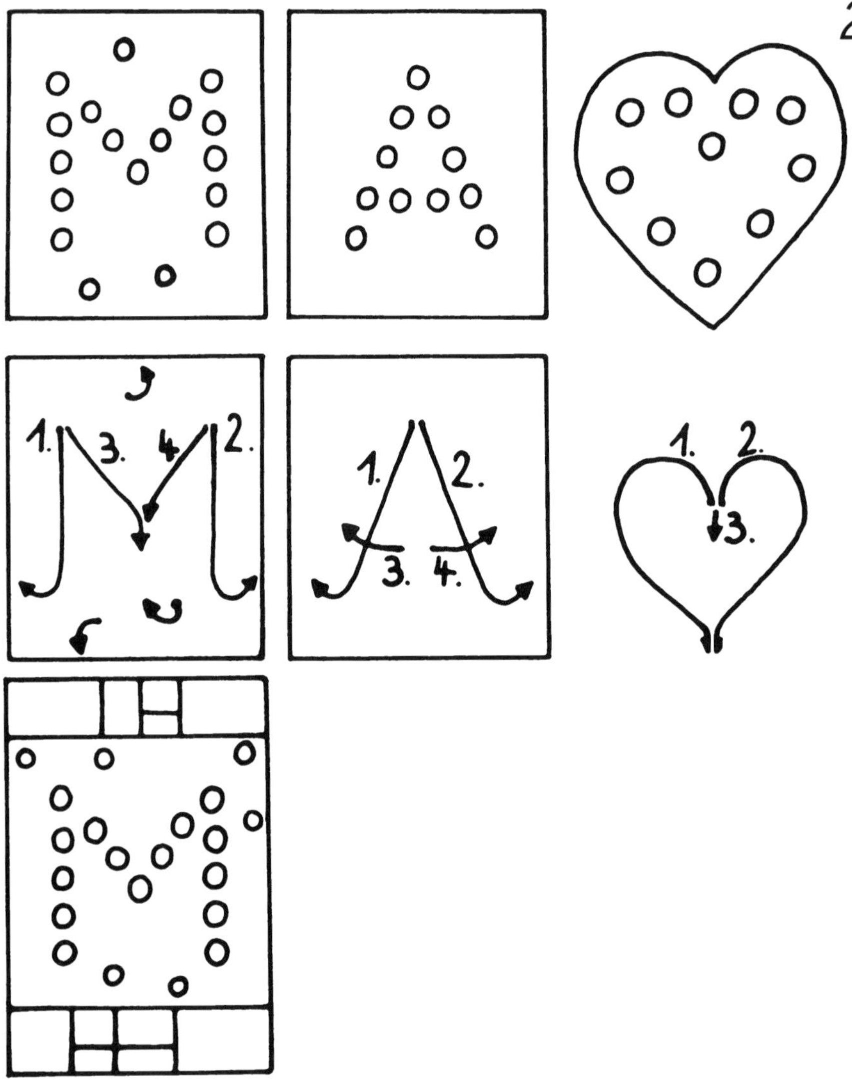

24

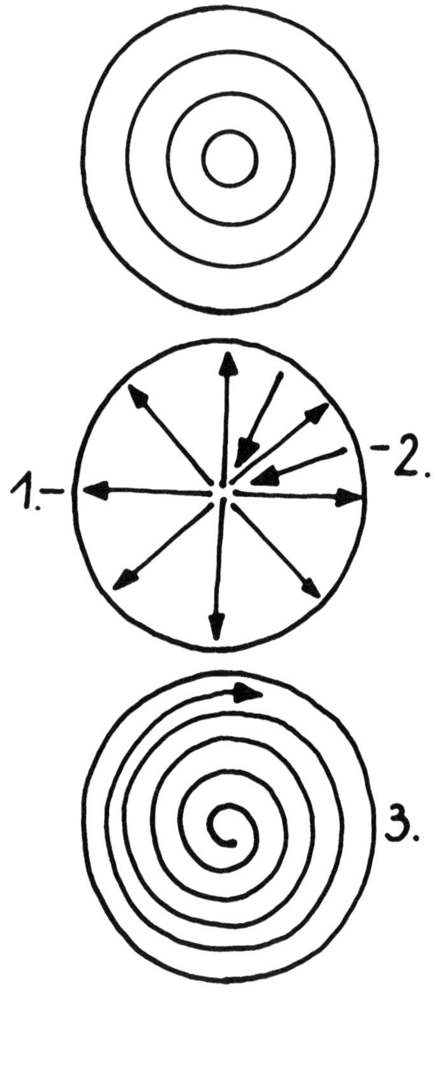

23

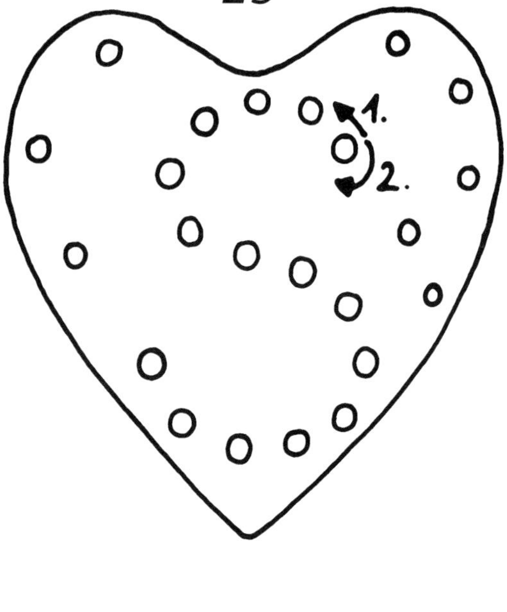

25

26

27

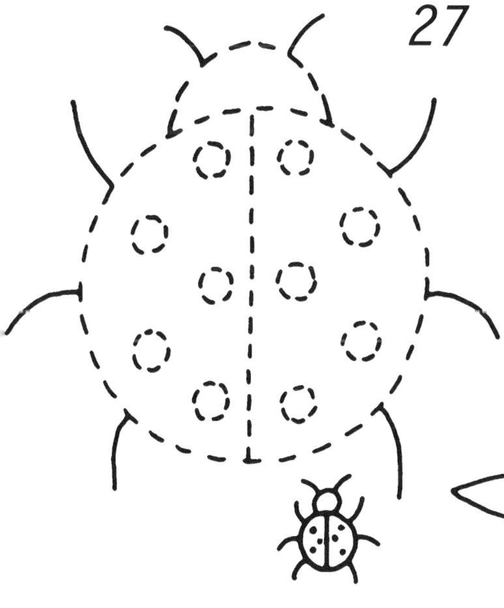

28

29

30

31

32

33

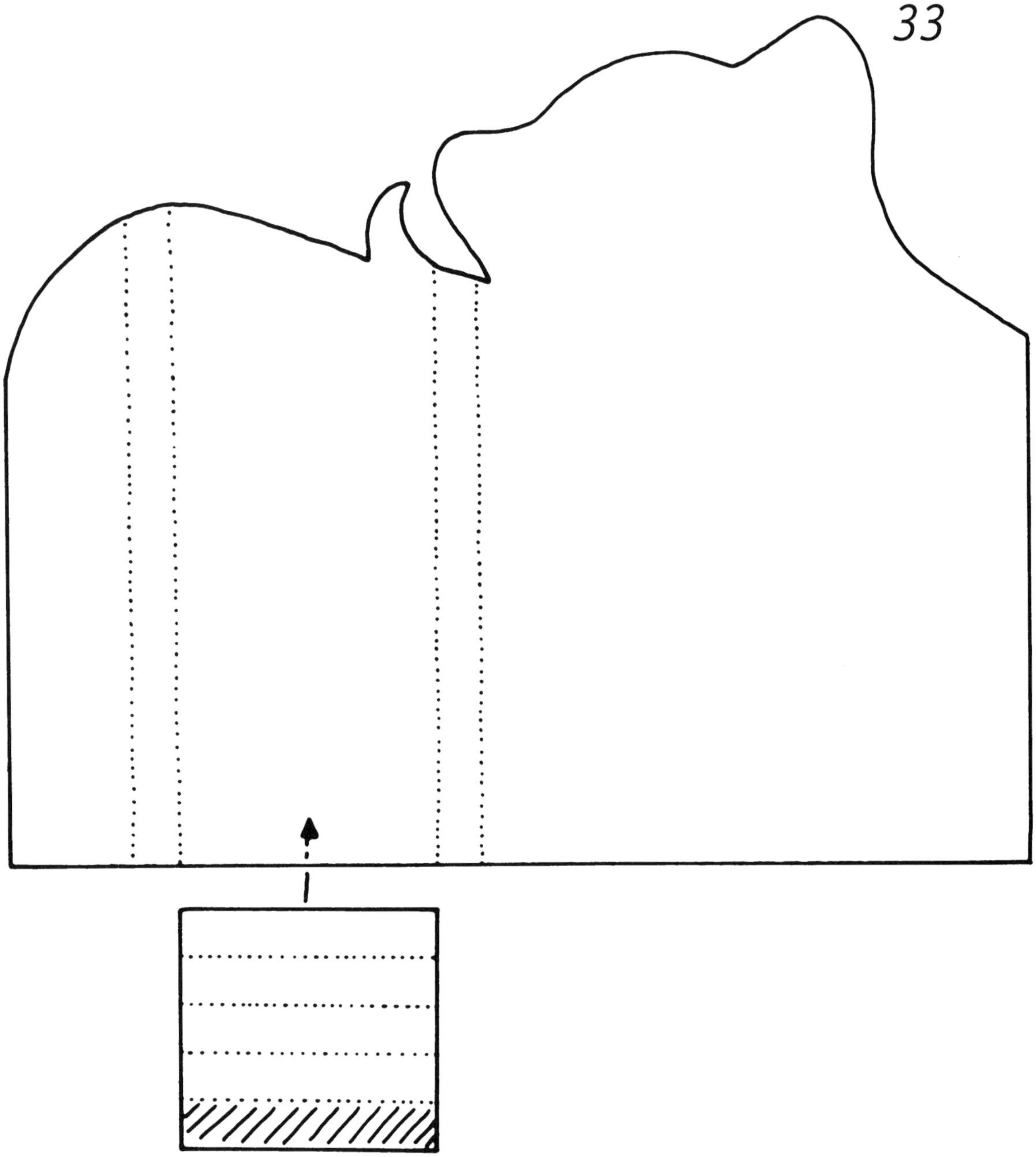

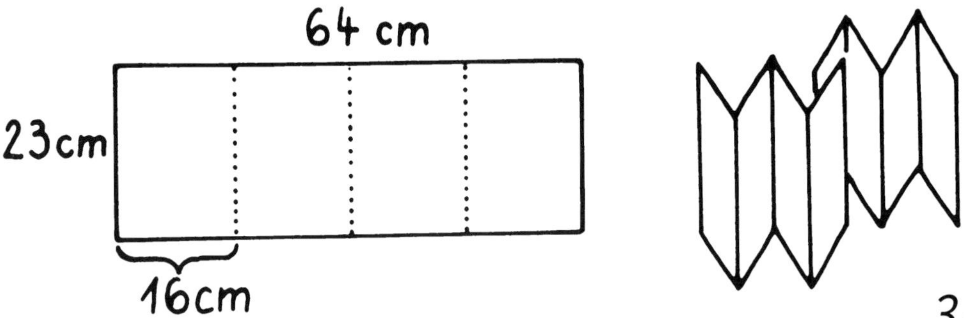

34

34

35

36

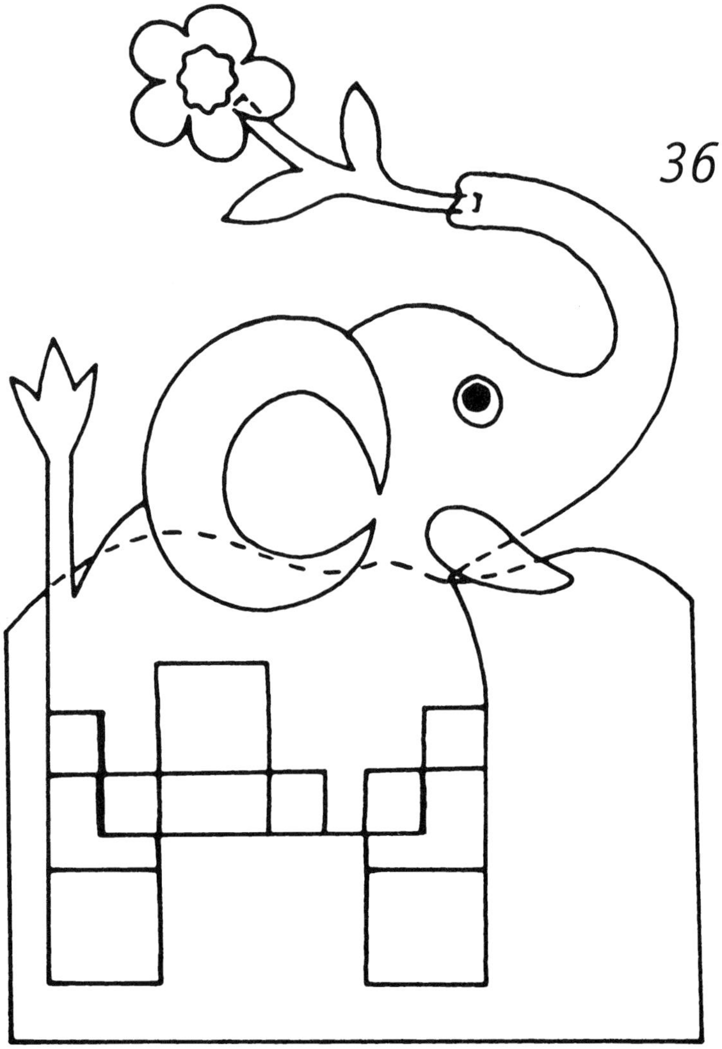

37

38

39

40

7 × 4,7cm

41

7 × 4,7cm

IMPRESSUM

Printed in Germany
ISBN 3-419-53244-X

Lektorat:
Irmgard Böhler, Freiburg

Styling und Fotos:
Andreas Gerhardt, Freiburg: Titelbild
Weber & Göröcs, Freiburg

Layoutentwurf:
Network!, München

Gesamtproduktion:
Carsten Schorn, Merzhausen

Druck:
Himmer, Augsburg

Wir sind für Sie da, wenn Sie Fragen haben. Und wir interessieren uns für Ihre eigenen Ideen und Anregungen. Schreiben Sie uns, wir hören gerne von Ihnen!
Ihr Christophorus-Team

Christophorus-Verlag GmbH
Hermann-Herder-Str. 4
79104 Freiburg
Tel. 0761/27 17 - 0
Fax 0761/27 17 - 352
oder e-mail:
info@christophorus-verlag.de

Weitere Titel aus dieser *CHRISTOPHORUS-Reihe*

3-419-53241-5

3-419-53243-1

3-419-53245-8

CHRISTOPHORUS